AF824893

Die Bekämpfung der Wirtschaftskriminalität als Prüfstein des Strafrechtssystems

von
Heike Jung

1979

W DE G

Walter de Gruyter · Berlin · New York

Mit Anmerkungen versehener, geringfügig geänderter Text der Antrittsvorlesung, die der Verf. am 14. 7. 1978 an der Universität des Saarlandes gehalten hat.

CIP-Kurztitelaufnahme der Deutschen Bibliothek

Jung, Heike:

Die Bekämpfung der Wirtschaftskriminalität als Prüfstein des Strafrechtssystems / von Heike Jung. – Berlin, New York: de Gruyter, 1979.

ISBN 3-11-007990-9

Printed in Germany

Satz und Druck: Mercedes-Druck, 1000 Berlin 61

Bindearbeiten: Wübben, 1000 Berlin 42

Einleitung

Die Bekämpfung der Wirtschaftskriminalität steht spätestens seit Beginn der siebziger Jahre auf der Agenda des Gesetzgebers[1]. Der Kriminalisierungsprozeß wird begleitet und getragen von einer Flut von Veröffentlichungen, die schon durch Bibliographien kanalisiert werden muß[2]. Schadensschätzungen in Milliardenhöhe haben Öffentlichkeit und Parlament mobilisiert[3]. Eine latente Bereitschaft zur Intensivierung der strafrechtlichen Sozialkontrolle im Bereich der Wirtschaftsdelinquenz ist zwar schon immer vorhanden gewesen. Nichts belegt dies deutlicher als die resignative sprichwörtliche Wendung, wonach man die Kleinen hänge, die Großen aber laufen lasse[4]. Jedoch hat erst die wissenschaftliche Ausleuchtung dieses Phänomens durch die Kriminologie gepaart mit sozialkritischen Tendenzen den Gesetzgeber zum Handeln gezwungen. Der Eifer, mit dem manche sich dabei ins Gefecht gestürzt haben, hat bis-

---

1 *Tiedemanns* Gutachten für den 49. Deutschen Juristentag 1972 (vgl. Verh. des 40. DJT, Bd. I (Gutachten), 1972, Teil C) kam insofern eine Signalwirkung zu.

2 Vgl. *Berckhauer*, Wirtschaftsdelinquenz. Eine Bibliographie deutschsprachiger Veröffentlichungen auf dem Gebiet der Wirtschaftskriminologie und Wirtschaftskriminalistik unter Berücksichtigung einführender wirtschaftsstrafrechtlicher Literatur, Freiburg, 1975 mit einem Nachtrag (Stand: 1. Juli 1976).

3 Zum Teil werden Schätzungen in einer Größenordnung von 55 Milliarden DM gehandelt. Einen Ansatzpunkt für eine realistischere Betrachtung liefert *Kaiser*, in: Kriminologische Gegenwartsfragen 13 (1978), 28. Immerhin betrug danach der Schaden im Jahre 1976 allein für schwere Wirtschaftsstraftaten, d. h. also unter Vernachlässigung der mittelschweren Kriminalität und des Dunkelfeldes, ungefähr 4 Milliarden DM.

4 Insofern greift *Engelhardts* Hypothese (vgl. Kritische Justiz 1977, 29) vom Mangel an Affektivität in der Einstellung zur Wirtschaftskriminalität zu kurz; indem er darin das entscheidende Hindernis für die Durchsetzbarkeit des Wirtschaftsstrafrechts sieht, bringt er die Problematik überdies auf einen allzu einfachen Nenner.

weilen sogar den Eindruck entstehen lassen, der „geborene Verbrecher" sei wieder einmal entdeckt worden[5].

Der Nebel, der über dem Begriff „Wirtschaftskriminalität" lagert, hat sich zwar noch nicht vollends gelichtet. Aber die weißen Flecken auf der Landkarte der Wirtschaftskriminalität schrumpfen. Erste Untersuchungen über die Behandlung der Wirtschaftskriminalität durch die Instanzen strafrechtlicher Sozialkontrolle liegen vor[6]. Wir beobachten, wie die Kriminologen ihr theoretisches Instrumentarium am Beispiel der Wirtschaftskriminalität überprüfen und z. T. neue Theorien daraus ableiten[7]. Selbst die Psychiatrie beginnt sich für den Wirtschaftskriminellen zu interessieren[8]. Ein erstes Gesetz zur Bekämpfung der Wirtschaftskriminalität ist seit zwei Jahren in Kraft[9], ein zweites in Vorbereitung[10]. Trotz dieser Aktivität des Gesetzgebers tut sich das Strafrecht mit der Bekämpfung der Wirtschaftskriminalität schwer. Es fällt das Wort von der „Bewährungsprobe des Strafrechtssystems", das uns auch aus der Terrorismus-Diskussion vertraut ist. Hier wie dort stoßen wir an Grenzen des traditionellen strafrechtlichen Instrumentariums. Hier wie dort werden Gesetzesvorschläge gemacht, die den Strafrechtler zögern lassen. Solche Unschlüssigkeit läßt sich nicht allein mit dem Hinweis darauf erklären, das

---

5 So auch *Kaiser* (Fußn. 3), S. 32. Schon *Lüderssen*, ZStW 85 (1973), 288, 298, hatte bemängelt, daß in diesem Zusammenhang plötzlich wieder bedenkenlos mit der „sittenbildenden Kraft des Strafrechts" operiert wird. Typisch insoweit *Engelhardt*, Kritische Justiz 1977, 34, der die „Degradierung" des Wirtschaftsdelinquenten und ein verstärkt anprangerndes Vorgehen verlangt. Obschon Kriminalisierung nolens volens immer auch Stigmatisierung ist, ist die Verwendung allzu emotional aufgeladener Bilder einer rationalen Kriminalpolitik abträglich.

6 Hier seien vor allem die Arbeiten von *Berckhauer*, Wirtschaftskriminalität und Staatsanwaltschaft. Eine Untersuchung materiellrechtlicher und organisationsspezifischer Bedingungen für die Strafverfolgung von Wirtschaftsdelikten, 1977, und von *Kaiser* (Fußn. 3) genannt.

7 So kann man Gary S. *Becker*s „economic theory of punishment" nachgerade als eine Kriminalitätstheorie der Wirtschaftsdelinquenz bezeichnen; vgl. *Becker*, Crime and Punishment: An Economic Approach, Journal of Political Economy, Bd. 76 (1968), 169 ff.

8 So etwa *Bresser*, in: Kriminologische Gegenwartsfragen 13 (1978), 79.

9 Einen Überblick über das 1. WiKG verbunden mit einer kritischen Analyse aus wirtschaftskriminologischer Sicht liefert *Heinz*, GA 1977, 193, 225. Ausführlich zum Gesetzentwurf *Tiedemann*, ZStW 87 (1975), 253.

10 Unterdessen liegt der Referentenentwurf eines Zweiten Gesetzes zur Bekämpfung der Wirtschaftskriminalität vor.

Psychogramm des Strafrechtlers sei ohnehin durch ein permanent schlechtes Gewissen gekennzeichnet. Auch dürfte diese Zurückhaltung nicht nur von der Vorstellung getragen sein, daß das Strafrecht mit der Bekämpfung der Wirtschaftskriminalität prinzipiell überfordert sei. Eher schon dürfte die Verlegenheit des Strafrechtlers damit zusammenhängen, daß der Wirtschaftsstraftäter – insofern ähnlich dem nationalsozialistischen Gewaltverbrecher und dem Terroristen – zu jenen Wiedergängern zählt, die uns die Widersprüchlichkeiten und Unzulänglichkeiten des Strafrechts besonders plastisch vor Augen führen.

I. Kriminologische und kriminaltaktische Besonderheiten der Bekämpfung der Wirtschaftskriminalität

Die Antwort auf die Frage, warum gerade die Erfordernisse der Bekämpfung der Wirtschaftskriminalität die Innovationsfähigkeit des Strafrechtlers und des Strafrechtssystems auf die Probe stellen, liegt in der zu regelnden Materie begründet.

Versucht man, dieser Binsenweisheit auf den Grund zu gehen, so stößt man zunächst auf die Schwierigkeit der begrifflichen Eingrenzung. Die Materie entzieht sich dem schnellen Zugriff, weil sich die Grenze zwischen Kriminalität und Geschäftstüchtigkeit im Grau wirtschaftlicher Grenzmoral verliert[11]. Bezeichnenderweise konnte bislang weder im deutschen noch im ausländischen Schrifttum völlige Einigkeit darüber erzielt werden, was genau unter Wirtschaftskriminalität zu verstehen ist[12]. Aber auch dort, wo sich ein Konsens herausgebildet hat, daß ein bestimmtes Verhalten als sozialschädlich zu klassifizieren ist, beginnen die eigentlichen Probleme für den Strafgesetzgeber erst. Der Strafgesetzgeber muß nämlich anders als der Kriminologe bei der Umschreibung des strafbaren Verhaltens den Grundsätzen der Tatbestandsbestimmtheit genügen. Wenn man so will, kann man das strafrechtliche Analogieverbot natürlich auch in eine Aufforderung zur

---

11 Die Abgrenzung zwischen geschäftstüchtigem Verhalten und strafbarem Vorgehen im Wettbewerb steht auch im Mittelpunkt der Arbeit von *Kühne*, Geschäftstüchtigkeit oder Betrug?, 1978.

12 Vgl. zur Auseinandersetzung über die begriffliche Eingrenzung statt vieler *Berckhauer* (Fußn. 6), S. 21ff., und *Heinz*, GA 1977, 195ff.

Umgehung der Norm uminterpretieren. Das Ausnutzen der Lücke im Gesetz gehört aber durchaus zum Repertoire wirtschaftlichen Handelns. Juristische Beratung wird oft mit dem Ziel gesucht, die Grenze des eben noch Zulässigen zu ermitteln. „Die Rechtsnormen werden zwar befolgt, der Sachverhalt wird aber so gestaltet, daß die mit dem gewünschten Zweck vereinbarten Normen anwendbar und andere vermieden werden“[13]. Manchen gilt die Umgehung der Norm nachgerade als Kür der Kautelarjurisprudenz[14]. Insofern sind einem Strafrecht, das das Strafgesetzbuch immer auch als Magna Charta des Verbrechers versteht, gerade bei der Bekämpfung der Wirtschaftskriminalität die Hände gebunden.

Auf der Suche nach den Spezifika der Wirtschaftskriminalität stoßen wir weiter auf die empirisch belegte Feststellung, daß drei Viertel aller Fälle schwerer Wirtschaftskriminalität unter dem Mantel einer Einzelfirma oder juristischen Person begangen werden. Es handelt sich also um „Verbandskriminalität“[15]. Das Strafrecht ist aber auf eine individualisierende Lösung des Konflikts zwischen Norm und Normbruch angelegt. Sucht man nach dem Individuum als Normadressaten in der Firma, so stößt man vielfach ins Leere, weil sich angesichts des arbeitsteiligen Handelns ein strafrechtlicher Vorwurf nicht ohne weiteres an einer bestimmten Person „festmachen“ läßt. Auch sonst erweisen sich die Fabriktore bisweilen als wenig durchlässige „Mauern des Schweigens“. Innerhalb eines Apparates oder einer Organisation treten zwangsläufig bestimmte „Abschottungstendenzen“ auf, die die Arbeit der Ermittlungsbehörden erschweren[16].

Haben die Strafverfolgungsbehörden endlich einen Ansatz gefunden, so lassen Komplexität und vielfältige Verflochtenheit wirtschaftlicher Vorgänge den Prozeß regelmäßig zu einer Materialschlacht ausarten. Dies beginnt schon damit, daß dem Strafjuristen die Materie entrückt ist. Bei der

---

13 Cl. *Ott*, Die soziale Effektivität des Rechts bei der politischen Kontrolle der Wirtschaft, in: *Maihofer-Schelsky* (Hrsg.), Zur Effektivität des Rechts, Jahrbuch für Rechtssoziologie und Rechtstheorie, Bd. 3, o. J., S. 345, 365.

14 Zu Recht hat *Schick* in einer Diskussionsbemerkung auf der Tagung der Gesellschaft für die gesamte Kriminologie vom 7.–9. 10. 77 in Bern die Frage nach der „kriminalitätsfördernden“ Rolle der rechtsberatenden Berufe aufgeworfen.

15 *Kaiser* (Fußn. 3), S. 31. Speziell zu dem Thema „Schein- und Schwindelfirma“ *Tiedemann*, Festschrift für Würtenberger, 1977, S. 241.

16 Dabei handelt es sich aber nicht um ein genuin strafrechtliches Gestaltungsproblem; vielmehr treten solche Beweisnöte immer dann auf, wenn eine Seite die streitentscheidenden Informationen kontrolliert.

Beurteilung eines Emissionsschwindels muß man sich eben erst einmal in den börsen- und wertpapierrechtlichen Kontext einarbeiten. Hat man sich dem Kern des strafrechtlichen Vorwurfs mühsam genähert, so gerät vor allem der Nachweis der subjektiven Tatseite angesichts der Abhängigkeit von Prognosen und Erwartungen hinsichtlich der wirtschaftlichen Entwicklung zur Sisyphusarbeit. Es kann daher nicht verwundern, daß Einstellungen des Verfahrens durch die Staatsanwaltschaft an der Tagesordnung sind[17].

Mit dem Stichwort „Dimension und Komplexität der Wirtschaftskriminalität" ist aber nicht nur die Unüberschaubarkeit der einzelnen Wirtschaftsstrafsache, sondern auch der Umfang der Wirtschaftskriminalität insgesamt angesprochen. Die Verfolgungsbehörden sind nach dem Legalitätsprinzip im Prinzip gehalten, allen Anhaltspunkten für strafbare Handlungen nachzugehen. Die Konzentration auf einige Schwerpunkte erscheint danach ausgeschlossen. Insofern wird die Schlagkraft der Strafrechtspflege durch die Masse des zu bewältigenden Verfahrensstoffs gebremst.

Schließlich scheint auch das strafrechtliche Sanktionensystem bei der Bekämpfung der Wirtschaftskriminalität nicht zu „greifen". Dessen Instrumentarium ist bekanntlich begrenzt und erschöpft sich im wesentlichen in den Kategorien „Freiheitsstrafe" und „Geldstrafe". Global betrachtet ist die kriminalpolitische Entwicklung vor allem durch die Ausweitung des Anwendungsbereichs der Geldstrafe gekennzeichnet[18]. Der Einsatz dieser Sanktionsform erscheint jedoch zur Bekämpfung der Wirtschaftskriminalität nur bedingt geeignet. Zumindest steht zu befürchten, daß Geldstrafen oder Geldbußen gegen eine Firma als Betriebsausgaben wieder in die Preisgestaltung einfließen. Aber auch an der Effektivität der Verhängung von Freiheitsstrafen gegen Einzelpersonen kann man zweifeln. Schon wird die Vision des „sit-in-directors" heraufbeschworen, eines Vorstandsmitgliedes also, das die Freiheitsstrafen abzusitzen hat und dessen Bezüge natürlich weiterlaufen[19]. Das Konzept des Resozialisierungsvollzuges droht jedenfalls bei Wirtschaftsstraftätern, die durch soziale Angepaßtheit charakterisiert sind, ins Leere zu laufen. Darüber hinaus ist Frei-

---

17 Einzelheiten bei *Berckhauer* (Fußn. 6), S. 112ff.

18 Vgl. zur Rolle der Geldstrafe statt vieler *Jescheck*, in: Festschrift für Würtenberger, 1977, 257.

19 Etwa von Cl. *Ott* (Fußn. 13), S. 357. Die Parallele zum sog. „Sitzredakteur" des Pressestrafrechts liegt auf der Hand.

heitsverlust eben nicht gleich Freiheitsverlust. Was der eine als existentielle Belastung empfindet, mag der andere dazu nutzen, die Agrarpreisverordnungen der Europäischen Gemeinschaft zu studieren.

II. Das Strafrechtssystem als Maßstab und Gegenstand der Prüfung

Auf einen Nenner gebracht: Die Wirtschaftskriminalität scheint sich wegen ihrer strukturellen Besonderheiten dem Zugriff durch die Strafverfolgungsorgane zu entziehen. Dementsprechend rühren fast alle Reformvorschläge, die in diesem Zusammenhang gemacht werden, an strafrechtliche Grundkategorien. Die Erkenntnis von der Notwendigkeit der Effektivierung der strafrechtlichen Sozialkontrolle hat die Frage nach den systematischen Implikationen solcher Änderungen etwas in den Hintergrund gedrängt. Hier soll der Akzent anders gesetzt werden. Durchaus im Sinne von *Hassemers* „Konstanten kriminalpolitischer Theorie“[20] interessiert uns die Frage, ob und inwieweit sich die Forderung nach der Effektivierung der Verbrechensbekämpfung mit dem System der Strafrechtspflege verträgt. Reformen stellen immer zugleich das bisherige System in Frage. Umgekehrt gehört die Frage nach der Bedeutung des Systems für die Rechtsgewinnung zu den Prüfsteinen jeder Systemtheorie. Es ist nicht beabsichtigt, hier in eine umfassende systemtheoretische Auseinandersetzung über die Offenheit oder Geschlossenheit des Strafrechtssystems oder gar über den Wert des Systemdenkens überhaupt einzutreten[21]. Die geschichtliche Erfahrung zeigt jedenfalls, daß dem Strafrechtssystem, verstanden als Summe überkommener strafrechtlicher und kriminalpolitischer Leitlinien, nur ein Orientierungswert zukommt. Als Kehrseite dieses Orientierungswertes entfaltet das System gegenüber neuen Vorschlägen eine Art Kontrollfunktion. Sie wirkt sich in erster Linie als Zwang zu einem rationalen Vergleich der Interessenlagen aus, die den systematischen Grundsatz einerseits und den Änderungsvorschlag andererseits tragen. Stellt sich

---

[20] So der Titel des Beitrags von *Hassemer,* Festschrift für Lange, 1976, S. 501.

[21] Die Kontroverse zwischen Systemdenken und topischem Denken scheint heute ohnehin abgeklungen zu sein; an ihre Stelle sind Formeln der Koexistenz oder gar der Konvergenz getreten; vgl. etwa die zusammenfassenden Thesen von *Canaris,* Systemdenken und Systembegriff in der Jurisprudenz entwickelt am Beispiel des deutschen Privatrechts, Schriften zur Rechtstheorie, Heft 14, 1969, S. 155.

dabei heraus, daß das bisherige Instrumentarium nicht ausreicht, muß weiter geklärt werden, welche Folgewirkungen die Verwirklichung des neuen Vorschlages auslösen würde. Das konkrete Regelungsbedürfnis und die Folgewirkung müssen gegeneinander abgewogen werden. Daraus resultiert ein gewisser Plausibilitätsvorschuß eines systemimmanenten Vorschlages. Denn der systemimmanente Vorschlag löst im Hinblick auf die Folgewirkungen ein Minimum an Instabilität aus. Einiges spricht dafür, daß die bekannten Stichworte wie „Plausibilitätsvorschuß" oder „Vermutung der Legitimität des Status quo"[22] nur jenen sozialpsychologischen Sachverhalt widerspiegeln, den Eric *Hoffer* als „Angst vor dem Neuen" beschrieben hat[23].

Trotz jenes „Plausibilitätsvorschusses" könnten solche Vorstellungen den Eindruck beliebiger Veränderbarkeit des Strafrechtssystems erwecken. Insofern stellt sich zwangsläufig die Frage nach den invarianten Punkten im System oder nach den systemtranszendenten Orientierungswerten. Denn ohne solche Leitgedanken läßt sich die Folgendiskussion nicht führen. Die Antwort auf die Frage nach den „Konstanten kriminalpolitischer Theorie" muß in der Rolle des Strafrechts als formalisierter Sozialkontrolle gesucht werden. Sozialkontrolle verweist uns zunächst darauf, daß das Strafrecht als Teil des Gesamtprozesses sozialer Kontrolle sozialwissenschaftlichen Kategorien und Entwicklungen verpflichtet ist. Aus der Funktion des Strafrechts im Gesamtsystem sozialer Kontrolle läßt sich als invariante Größe auch die Erwartung der Steuerbarkeit von Verhalten durch das repressive Mittel der Strafe ableiten. Letztlich läuft dies auf die Annahme eines sozialpsychologischen Mechanismus der Generalprävention hinaus[24]. Das Spezifikum der strafrechtlichen Kontrolle bildet aber deren Formalisierung. Formalisierung reicht im Strafrecht weit über die Gesichtspunkte der Vorhersehbarkeit und Bindung hinaus, die für den Ge-

---

22 So *Luhmann*, Funktionen und Folgen formaler Organisation, Schriftenreihe der Hochschule Speyer, Bd. 20, 2. Aufl., 1972, S. 250.

23 Eric *Hoffer*, Die Angst vor dem Neuen, 1968.

24 Dieser Mechanismus ist in den Einzelheiten seiner Wirkungsweise freilich längst nicht hinreichend erforscht. Eine Bestandsaufnahme des Erkenntnis- und Streitstandes liefert das im Rahmen der Verfassungsrechtsstreites um die Verfassungsmäßigkeit der lebenslangen Freiheitsstrafe erstattete Gutachten von *Müller-Dietz*, in: *Jescheck-Triffterer* (Hrsg.), Ist die lebenslange Freiheitsstrafe verfassungswidrig? 1978, S. 91.

setzgebungsprozeß schlechthin konstitutiv sind[25]. „Gleichbehandlung", „ultima ratio", „Gesetzesbindung", „Rückwirkungsverbot", „gesetzlicher Richter", „fair trial", „Beweisverbote", „in dubio pro reo" gehören zu den speziellen „normativen Formalisierungselementen"[26] des Strafrechts und zwar unabhängig von ihrer verfassungsrechtlichen Verbürgung. In ihnen manifestiert sich das Selbstverständnis der Strafrechtspflege. Sie symbolisieren und garantieren die Selbstbeschränkung staatlicher Strafgewalt.

Ohne Zweifel bewegen wir uns mit diesen Überlegungen auf einem Felde, dessen sorgfältige Analyse zu den Existenzfragen des Strafrechts gehört. In unserem Zusammenhang ging es nur darum, den systematischen Bezugsrahmen vorzustellen. Das Strafrechtssystem erweist sich dabei nicht als invariante Größe. Es zeigt sich vielmehr in Grenzen beweglich. Insofern erscheint unsere Fragestellung janusköpfig. „Bekämpfung der Wirtschaftskriminalität als Prüfstein des Strafrechtssystems" impliziert einmal die Notwendigkeit, die Vorschläge zur Lösung jener spezifisch wirtschaftsstrafrechtlichen Gestaltungsprobleme auf ihre Vereinbarkeit mit den Grundstrukturen strafrechtlicher Sozialkontrolle zu überprüfen. Zugleich und vor allem rückt sie aber auch die Auswirkungen dieser Vorschläge auf den Status quo des Systems ins Blickfeld.

III. Die konkreten Gestaltungsvorschläge

Das Phänomen der Umgehung gehört zum traditionellen Problemkatalog strafrechtlicher Gesetzgebungslehre. Die strafrechtssystematischen und verfassungsrechtlichen Prämissen sind klar. Nach Art. 103 Abs. 2 GG kann eine Tat nur bestraft werden, wenn ihre Strafbarkeit gesetzlich be-

---

[25] Vgl. zu den Spezifika strafrechtlicher Sozialkontrolle vor allem *Hassemer*, Festschrift für Lange, 1976, 518. Punktuell können – wie das Beispiel der Bekämpfung der Wirtschaftskriminalität zeigt – durchaus Friktionen zwischen diesen Prinzipien und den Erfordernissen einer „effektiven" Verbrechensbekämpfung auftreten. Global betrachtet spricht indessen manches dafür, daß eine Verbrechensbekämpfung durch Repression überhaupt nur funktioniert und ertragen wird, wenn solche Garantien eingehalten werden.

[26] So die Formulierung von *Hassemer-Steinert-Treiber*, in: *Hassemer-Lüderssen* (Hrsg.), Sozialwissenschaften im Studium des Rechts, Bd. III, Strafrecht, 1978, S. 59.

stimmt war, bevor sie begangen worden ist. In unserem Zusammenhang sind vor allem das Analogieverbot und der Bestimmtheitsgrundsatz als Ausprägungen dieser Verfassungsnorm tangiert. Sie bezeichnen zugleich unterschiedliche Stadien der Rechtsgewinnung[27]. Der Bestimmtheitsgrundsatz verbietet dem Strafgesetzgeber die Flucht in die Generalklausel, das Analogieverbot verbietet dem Richter, sich bei der Entscheidung des Falles an ähnlich gelagerten (strafbaren) Konstellationen zu orientieren.

Es gibt mehrere Ansatzmöglichkeiten, das Problem in den Griff zu bekommen. Das Strafrecht könnte einmal versuchen, mit den Mitteln des Allgemeinen Teils zu reagieren[28]. Vorstellbar erschiene eine allgemeine Regelung dahingehend, daß eine Strafnorm auch die zu ihrer Umgehung begangene Tat erfaßt. Oder aber man könnte daran denken, die Umgehungshandlungen ihrerseits als Tatbestände des Besonderen Teils zu fassen[29]. Schließlich besteht die Möglichkeit, die Umgehungshandlung im verwaltungsrechtlichen Vorfeld zu definieren und dieses Vorfeld via normatives Tatbestandsmerkmal im strafrechtlichen Tatbestand zu verankern.

Eine strafrechtliche Generalklausel im Allgemeinen Teil verbietet sich, weil sie auf eine Aufhebung des Analogieverbotes hinausliefe. Die Schaffung besonderer Umgehungstatbestände hätte zwar den Vorzug der Rechtsklarheit. Dieser Weg würde aber seinerseits der Umgehung der Umgehungsvorschrift Vorschub leisten. Angesichts der Technizität und sprachlichen Spezialisierung des Regelungsbereichs würde vermutlich die Lücke alsbald entdeckt. Auf Dauer gesehen liefe dies auf eine ständige „Flickschusterei“ durch den Strafgesetzgeber hinaus. Näher liegt daher die verwaltungsrechtliche Lösung. Von Zuständigkeitsfragen ganz abgesehen erscheint aber auch sie sub specie Art. 103 Abs. 2 GG nicht bedenkenfrei.

Das Beispiel des Subventionsbetruges mag die Regelungstechnik verdeutlichen. Nach § 264 StGB wird u. a. bestraft, wer den Subventionsgeber entgegen den Rechtsvorschriften über die Subventionsvergabe über

---

27 Zu den einzelnen Stadien der Konkretisierung *Schünemann*, Nulla poena sine lege?, 1978, S. 3.

28 Näher zum folgenden *Stöckel*, ZPR 1977, 134.

29 Diesen Weg hat der von *Lampe, Lencker, Stree, Tiedemann* und *Weber* vorgelegte Alternativ-Entwurf eines Strafgesetzbuches, Besonderer Teil, Straftaten gegen die Wirtschaft, 1977, etwa für den Straftatbestand der Subventionserschleichung vorgeschlagen (vgl. Begr., S. 107). *Tiedemann* zählt seit jeher zu den konsequenten Befürwortern eines solchen Ansatzes; vgl. schon sein Juristentags-Gutachten (Fußn. 1), S. C 54.

subventionserhebliche Tatsachen in Unkenntnis läßt. § 3 des neuen Subventionsgesetzes (SubvG) begründet eine umfassende Offenbarungspflicht. Diese Offenbarungspflicht erstreckt sich auch auf die in § 4 SubvG umschriebenen Scheingeschäfte.

Der Verweis auf solche außerstrafrechtlichen Rechtsnormen ist an und für sich nichts Ungewöhnliches. Schon bei dem vertrauten Merkmal der Fremdheit der Sache im Diebstahlstatbestand fließen zivilrechtliche Vorfragen in die strafrechtliche Subsumtion ein. Wertausfüllungsbedürftige unbestimmte Begriffe sind unverzichtbarer Bestandteil auch des strafgesetzgeberischen Instrumentariums. Die besondere Brisanz der verwaltungsrechtlichen Lösung des Subventionsgesetzes liegt freilich darin, daß § 4 SubvG seinerseits einen hohen Grad von Unbestimmtheit aufweist. Es wäre zu vordergründig, wollte man die Problematik mit dem Hinweis darauf abtun, die Verfassungsnorm betreffe nur die Strafnorm selbst. Art. 103 Abs. 2 GG strahlt zumindest in dem Sinne in das Vorfeld aus, daß die Norm, auf die verwiesen wird, ihrerseits einem Minimum an Bestimmtheitsanforderungen genügen muß. Wo soll man aber die Grenze ziehen? Hier kann man nur auf jene Kriterien zurückgreifen, die allgemein zur Abgrenzung des Analogieverbotes herangezogen werden. Die Rechtsmaterie des Wirtschaftsrechts ist durch hohe Technizität gekennzeichnet. Sie ist der Umgangssprache entrückt. Die für das Analogieverbot an sich maßgebende Grenze des Wortlauts der Vorschrift wird also schneller überschritten als bei Normen im Kernstrafrecht. Als Umkehrung könnte man daraus folgern: Je technologischer die Regelungsmaterie, desto größer ist der verfassungsrechtliche Spielraum für eine Umgehungsregelung im verwaltungsrechtlichen Vorfeld.

Mit dieser These ist die Umgehungsproblematik aber längst nicht erschöpft. Die Tatsache, daß Strafrechtsnormen derart ausgefüllt werden müssen, erhöht die Wahrscheinlichkeit von Irrtümern. Normalerweise begrenzt der Strafrechtler die Reichweite irrtumsbedingter Exkulpation schon auf der materiellrechtlichen Ebene durch die Konstruktion der „Parallelbewertung in der Laiensphäre[30]. Die Leistungsfähigkeit dieser

---

[30] Auf Einzelheiten der Diskussion um die Anforderungen an das Unrechtsbewußtsein kann hier nicht eingegangen werden. Es sei nur darauf verwiesen, daß die Frage mit der Annäherung von Rechtswissenschaft und Sozialwissenschaften verstärkte Aktualität erlangt hat; vgl. zum Verhältnis von Unrechtsbewußtsein und sozialer Norm *Endruweit-Kerner*, in: *Hassemer-Lüderssen* (Hrsg.), Sozialwissenschaften im Studium des Rechts, Bd. III, Strafrecht, 1978, S. 67.

Formel wird natürlich bei häufigem Wechsel der Bewertungsgrundlagen arg strapaziert. Solche Bewertungsverschiebungen sind im Bereich des Wirtschaftsrechts – man denke nur an das Devisenrecht, Außenwirtschaftsrecht, Steuerrecht – an der Tagesordnung. Jedenfalls erlebt man hier ungleich häufiger als etwa im Kernbereich des Rechts das Wechselbad einander z. T. diametral entgegengesetzter Änderungen. Man wird natürlich sofort an die Rechtsprechung des Reichsgerichts zur Relevanz des sog. Rechtsirrtums erinnert. Die Pönalisierung der leichtfertigen Begehungsweise, wie sie § 264 Abs. 3 StGB für den Subventionsbetrug vorsieht, nimmt dem Irrtumsproblem jedoch die Schärfe. Diese Regelung ist freilich ihrerseits auf Widerspruch gestoßen. Vor allem Industrie und Handel sind gegen sie zu Felde gezogen. Ihre Stellungnahme im Gesetzgebungsverfahren beschwor den angeblich dem deutschen Strafrecht immanenten Grundsatz, fahrlässige Vermögensdelikte nicht zu bestrafen[31]. Richtig daran ist, daß das Vermögensstrafrecht des StGB bis dahin fahrlässige Delikte nicht gekannt hat. Tatbeständen des sog. Nebenstrafrechts indessen war diese Begehungsform längst geläufig[32]. Ein Prinzip des Kriminalstrafrechts ist mit der Inkriminierung der fahrlässigen Begehungsweise also nicht tangiert.

Mit dem Gestaltungsproblem „Verbandskriminalität" assoziiert man sofort die Frage nach der strafrechtlichen Verantwortlichkeit von Verbänden und juristischen Personen. Diese Fragestellung hat Geschichte[33]. Es war zu erwarten, daß die Diskussion im Zusammenhang mit der Bekämpfung der Wirtschaftskriminalität wieder aufflammen würde.

---

[31] Bundesverband der Deutschen Industrie – Bundesverband des Deutschen Groß- und Außenhandels – Deutscher Industrie- und Handelstag. Stellungnahme zum Entwurf eines Ersten Gesetzes zur Bekämpfung der Wirtschaftskriminalität (1. WiKG), Anl. 6 zum Prot. der 79. und 80. Sitzung des Sonderausschusses für die Strafrechtsreform, BT-Prot. 7, 2622. Überwiegend wird die Inkriminierung der leichtfertigen Begehungsweise jedoch als der eigentlich entscheidende Reformbeitrag des neuen Tatbestandes angesehen; vgl. *Tiedemann*, ZRP 1976, 50.

[32] Dies hat auch *Tiedemann* im Rahmen der Anhörung vor dem Sonderausschuß immer wieder betont; vgl. BT-Prot. (Sonderausschuß für die Strafrechtsreform) 7, 2474f.

[33] Einen historischen Überblick gibt *Heinitz* in seinem Gutachten für den 40. Deutschen Juristentag, Verh. des 40. DJT, Bd. I (Gutachten), 1953, S. 65f.

Im anglo-amerikanischen Rechtskreis ist die sog. „corporate liability" weit verbreitet[34]. Auch das deutsche Strafrecht nimmt die juristische Person als soziale Einheit durchaus zur Kenntnis. Die juristische Person kann Opfer von Straftaten sein, ihr Vermögen kann geschädigt werden, ja sie gilt sogar als beleidigungsfähig. Vor der Umkehrung scheut man indessen zurück. Der 40. Deutsche Juristentag beschloß 1953 als einzige These: „Es empfiehlt sich nicht, Kriminalstrafen gegen juristische Personen oder andere Personenverbände vorzusehen. Eine solche Strafbarkeit würde nicht im Einklang stehen mit den Sinn- und Wesenselementen der Strafe, wie sie sich auf Grund einer jetzt gefestigten Tradition in unserem Kulturkreis herausgebildet haben"[35]. Diese These gründet im wesentlichen auf der Vorstellung, daß der Schuldbegriff des Strafrechts auf juristische Personen schlechthin unübertragbar sei. Freilich sind wir heute von jenem ethisierend-individualisierenden Schuldverständnis der fünfziger Jahre wieder abgerückt. Statt dessen nähern wir uns einem generellen Schuldbegriff, der als bloßes Vehikel der Zurechnung sozialer Verantwortung

---

[34] Näher dazu *Jung*, Der Einfluß des englischen Rechts im südafrikanischen Strafrecht, S. 67f.; *Leigh*, Policy and Punitive Measures in Respect of Economic Crime, in: Criminological Aspects of Economic Crime, 12th Conference of Directors of Criminological Research Institutes. Council of Europe, Legal Affairs, 1978, S. 111; *Tiedemann*, Wirtschaftskriminalität und Wirtschaftsstrafrecht in den USA und in der Bundesrepublik Deutschland, Recht und Staat, Heft 480/81, 1978, S. 23.
Andere Länder sind dem anglo-amerikanischen Vorbild unterdessen gefolgt oder erwägen zumindest, dies zu tun. Die Niederlande kennen die Strafbarkeit der juristischen Person für den Anwendungsbereich des Wirtschaftsstrafgesetzes seit langem. Im Rahmen der 1976 erfolgten Neuregelung ist eine entsprechende Vorschrift in das Strafgesetzbuch aufgenommen worden. Eine ähnliche Tendenz läßt sich in den skandinavischen Ländern beobachten. Schon jetzt kennen Dänemark und Norwegen Strafbestimmungen, nach denen juristische Personen zu einer Geldstrafe verurteilt werden können. In Frankreich ist die Einführung der Geldbuße gegen juristische Personen im Vorentwurf 1976 vorgesehen. Nachweise im einzelnen in den Landesberichten von *Schaffmeister* (Niederlande) und *Ermgassen* (Skandinavien) sowie in der Darstellung der Geldstrafe in rechtsvergleichender Sicht von *Grebing*, in: *Jescheck-Grebing* (Hrsg.), Die Geldstrafe im deutschen und ausländischen Recht, Rechtsvergleichende Untersuchungen zur gesamten Strafrechtswissenschaft, 3. Folge, Bd. 1, 1978, S. 596, 892, 1240.

[35] Verh. des 40. DJT, Bd. II (Sitzungsbericht), 1954, S. E 88.

gehandhabt wird[36]. Hinzu kommt, daß § 30 OWiG die Möglichkeit, Geldbußen gegen juristische Personen zu verhängen, unterdessen gesetzlich sanktioniert hat. Insofern scheint der dogmatische Boden für die Einführung der strafrechtlichen Verantwortlichkeit juristischer Personen bereitet.

Sicher werden die gegensätzlichen Positionen in der Diskussion bisweilen überzeichnet. Rechtsordnungen, die die Strafbarkeit der juristischen Person kennen, sehen sie durchaus nicht uneingeschränkt vor. Eine Verurteilung ist vielmehr ausgeschlossen, wenn der Straftatbestand seinem Wesen nach nur von einer natürlichen Person begangen werden kann. Als Sanktion kommt praktisch nur die Geldstrafe in Betracht. Andererseits ist das deutsche Recht im Begriff, sich von der Vorstellung zu lösen, daß eine Verbandsgeldbuße nur als „Nebenfolge" der Straftat oder Ordnungswidrigkeit einer natürlichen Person verhängt werden kann[37]. Hinzu kommt, daß betriebsbezogene Geldstrafen und Geldbußen gegen einzelne bei uns durchweg auf die Firma abgewälzt werden.

Während sich also die praktischen Lösungen aufeinander zu bewegen, bleibt eine gewisse Reserve auf der prinzipiellen Ebene. Dies hängt nicht einmal so sehr am Schuldprinzip. Im Kern muß die Frage eher lauten: Kann man das Verhalten der juristischen Person durch Strafrecht steuern? „Verbandskriminalität" als Organisationsverhalten ist durch Einwirkungen auf Individuen sicher nur begrenzt steuerbar. Sanktionen gegen das Individuum können Organisationsmängel nicht einfach beseitigen, weil es dabei um die Steuerung organisatorischer Prozesse geht, die ihrerseits das Verhalten des Individuums beeinflussen[38]. Insofern läge es näher, bei der juristischen Person selbst anzusetzen. Das Zivilrecht hat dies dem Straf-

---

36 Aus der Vielzahl der neueren Veröffentlichungen zum Schuldbegriff seien hier nur *Roxin*, Festschrift für H. Henkel, 1974, S. 151; *Jacobs*, Schuld und Prävention, 1976; *Schreiber*, Der Nervenarzt 48 (1977), 842; *Stratenwerth*, Die Zukunft des strafrechtlichen Schuldprinzips, 1977; und *Müller-Dietz*, Grundprobleme der heutigen Schuldlehre, in: *Müller-Dietz*, Grundfragen des strafrechtlichen Sanktionensystems, 1979, genannt.

37 In diese Richtung zielen jedenfalls die Vorschläge der Sachverständigenkommission zur Bekämpfung der Wirtschaftskriminalität – Reform des Wirtschaftsstrafrechts –; vgl. die hektographierte Zusammenstellung der Empfehlungen, Bonn 1978, S. 6–8. Für eine begrenzte „Entkoppelung" ist auch R. *Schmitt*, Festschrift für Lange, 1976, 877, eingetreten.

38 Auf diese Interdependenz hat vor allem Cl. *Ott* (Fußn. 13), S. 357, hingewiesen.

recht längst vorexerziert. Auch das zivilrechtliche Haftungsrecht hat pönale Wurzeln[39]. Insofern kann gar nicht zweifelhaft sein, daß Regelungen wie § 831 BGB und die Figur des „Organisationsverschuldens" dazu beitragen sollen, das Auftreten organisatorischer Mängel und Fehlleistungen künftig zu verhindern. Das Argument der Steuerbarkeit von Organisationsverhalten durch Kosten vermag jedoch die Notwendigkeit eines Übergangs von Schadensersatz und Geld*buße* zur Geld*strafe* nicht zu begründen.

Zudem wird man die juristische Person kaum davon abhalten können, die Geldstrafe abzuwälzen, die finanzielle Einbuße über die Preisgestaltung also wieder zu kollektivieren[40]. Dies aber könnte sozialpsycholo-

---

[39] Grdl. dazu J. *Schmidt*, Schadensersatz und Strafe. Zur Rechtfertigung des Inhalts von Schadensersatz aus Verschuldenshaftung, Europäische Hochschulschriften Reihe II Rechtswissenschaft, Bd. 67, Lang, Bern-Frankfurt 1973. *Schmidt* unterscheidet drei denkbare Begründungsebenen der Verschuldenshaftung: die zivilrechtliche Rechtfertigung, die strafrechtliche Rechtfertigung und die sozialpolitische Rechtfertigung. *Schmidt* verneint allerdings die Möglichkeit den Inhalt (zivilrechtlicher) Verschuldenshaftung „strafrechtlich" zu legitimieren, da Ziel und Inhalt der Sanktion diskordant seien, aus sanktionsrechtlichen Zusammenhängen im Prinzip eine Sanktion für jede Rechtsgutsverletzung des Schädigers zu rechtfertigen sei, nur eben nicht der Ausgleich durch Schadensersatz (a.a.O., S. 41–53). Seines Erachtens müßte die private Strafe auf die Verletzung privater Güter vollends durch die öffentliche Strafe abgelöst werden (a. a. O., S. 72). *Schmidt* unterschätzt dabei die verhaltenssteuernde Relevanz der Gefahr finanzieller Einbußen. Im Rahmen eines Gesamtsystems sozialer Kontrolle von Verhalten hat auch das zivilrechtliche Haftungssystem einen bestimmten Stellenwert. Hierauf kann – zumal als mögliche „Auffangposition" bei Entkriminalisierungsprozessen – nicht verzichtet werden. Die Rolle des Zivilrechts in einem Gesamtkonzept der Prävention steht auch im Mittelpunkt der Reformvorschläge zur Behandlung der Bagatellkriminalität im vermögensrechtlichen Bereich. Mit Recht hat *Ebert*, ZStW 90 (1978), S. 377, 407, darauf hingewiesen, daß die Unterschiedlichkeit der Position auf einer unterschiedlichen kriminalpolitischen Grundhaltung beruht: „Dem einen geht es mehr um die sichernde Funktion des öffentlichen Strafrechts, um seine Verfahrensgarantien und seine Fähigkeit, im Tat- und Täterbereich zu differenzieren. Dem anderen ist es mehr darum zu tun, die Funktion der Strafe als ultima ratio zu bewahren und durch Ausnutzung der Möglichkeiten nichtstrafrechtlicher Sozialkontrolle dem Grundsatz der Erforderlichkeit Rechnung zu tragen."

[40] Dazu auch Cl. *Ott* (Fußn. 13), S. 357. Der Einwand, aus Wettbewerbsgründen sei dies nur dann möglich, wenn die Firma eine Monopolstellung innehabe, ändert nichts daran, daß dieser Weg im Prinzip gangbar ist. Interessant ist in diesem Zusammenhang auch die Entwicklung bezüglich der steuerlichen Absetzbarkeit betriebsbezogener Geldbußen und Geldstrafen. Während der Reichsfinanz-

gische Folgeprobleme auslösen, denen der Gesetzgeber im Rahmen der strafrechtlichen Sozialkontrolle verstärkt Rechnung tragen muß. Geeignetere strafrechtliche Sanktionen bestünden daher in Eingriffen zur unmittelbaren Steuerung der Organisation. Insofern müßte das Maßregelsystem des Strafrechts ausgebaut werden, wie es *Hartung* schon 1953 in seinem Juristentagsreferat vorgeschlagen hat[41]. Die Perspektive „Wirtschaftsverwaltungsrecht durch Strafrecht" mag zwar die Vertreter des öffentlichen Rechts schrecken. Die Grenzverwischung zwischen Strafrecht und Verwaltungsrecht ist im Bereich des Maßregelrechts jedoch schon längst erfolgt.

Schon diese Andeutungen zeigen aber, daß die Grundlagen und Folgen der Einführung der Strafbarkeit juristischer Personen noch nicht vollends geklärt sind. Auf lange Sicht gesehen sollte sich der Gesetzgeber

---

hof die Absetzbarkeit bis zum Inkrafttreten des Steueranpassungsgesetzes bejahte, wird diese Möglichkeit von der Rechtsprechung des Bundesfinanzhofes abgelehnt. Der Bundesfinanzhof geht zwar davon aus, daß es sich bei betriebsbezogenen Geldbußen und Geldstrafen um Betriebsausgaben handele, verneint aber die Absetzbarkeit unter Berufung auf den Grundsatz der Einheit der Rechtsordnung. Auch hält er es für unzulässig, wenn auf diese Art das Risiko der Strafbarkeit abgewälzt würde. Vgl. dazu den Überblick von *Herrmann-Heuer*, Kommentar zur Einkommensteuer und Körperschaftsteuer einschließlich Nebengesetze II (Loseblatt), § 4 EStG Anm. 49a, b und d, die selbst dieser Rechtsprechung kritisch gegenüberstehen.

41 *Hartung*, Verh. des 40. DJT, Bd. II (Sitzungsberichte), S. E 43, insb. E 46ff. Seine Vorschläge – u.a. Entsendung ständiger Überwachungsorgane, treuhänderische Verwaltung, Entziehung von Betriebserlaubnissen, vorübergehende Schließung oder Einschränkung von Betrieben – sieht Hartung als Ausdifferenzierung der Reaktionen im Vorfeld des überkommenen wirtschaftsverfassungsrechtlichen Kontrollinstruments der Auflösung der Körperschaft (vgl. §§ 43, 87 BGB, §§ 396, 397 AktG, § 62 GmbHG, § 81 GenG) an. Andererseits rückt *Heinitz* auch die gesamtwirtschaftliche Problematik solcher Eingriffe – man denke nur an die Frage der Sicherung von Arbeitsplätzen – ins Blickfeld; vgl. E 54f. *Hartung* betritt mit seinem Vorstoß, die Skala der Reaktionsmöglichkeiten zu verfeinern, aus wirtschaftsverwaltungsrechtlicher Sicht durchaus kein völliges Neuland. Im europäischen Kartellrecht verfügt die Kommission (Hohe Behörde) längst über vergleichbare Kontroll- und Zwangsbefugnisse. So sei nur daran erinnert, daß sie nach Art. 66 § 7 des EGKS-Vertrages u.a. Preise und Verkaufsbedingungen festsetzen kann, wenn ein Unternehmen in marktbeherrschender Stellung ihren Anordnungen über Preisempfehlungen nicht gefolgt ist, und daß sie bei unzulässigen Zusammenschlüssen nach Art. 66 § 5 des EGKS-Vertrages als Vollzugsmaßnahme treuhänderische Verwaltung oder gar den Zwangsverkauf anordnen kann.

diesen Weg jedoch nicht versperren[42]. Kurzfristig dürfte der strafrechtliche Beitrag zur Verbesserung der innerbetrieblichen Kontrolle eher in einer Ausdifferenzierung der auf das Individuum abzielenden Kontrollmechanismen bestehen. Die Kommission zur Bekämpfung der Wirtschaftskriminalität hat in diesem Zusammenhang einige Detailregelungen zur Verantwortlichkeit des Betriebsinhabers für einzelne in seinem Betrieb begangene Straftaten vorgesehen[43]. Der Ansatz muß natürlich in einem weiteren Zusammenhang mit der Dogmatik der Unterlassungsdelikte gesehen werden. Einzelregelungen, wie wir sie schon jetzt in § 4 Abs. 2 UWG haben, sind freilich ambivalent[44]. Zumindest legen sie den Schluß nahe, daß die Verantwortung des Betriebsinhabers sich nicht von selbst ergebe, sondern für jeden Deliktsbereich gesondert festgelegt werden müsse. Andererseits sind diese kasuistischen Detailvorschläge von dem durchaus verständlichen Bestreben getragen, wenigstens für bestimmte Deliktsbereiche Klarheit zu schaffen. Denn noch hat sich kein fest umrissener Bereich allgemeiner strafrechtlicher Verantwortlichkeit des Betriebsinhabers herausgebildet. Eine Präzisierung der Rechtsgrundlagen hierfür scheint der Verpflichtung des Strafrechts, die Konsequenzen aus dem Grundsatz der Arbeitsteilung zu ziehen, zuwiderzulaufen[45]. Bei näherem Hinsehen liegt hierin indessen kein Gegensatz. Vielmehr handelt es sich um die Kehrseite der gleichen Medaille. So oder so kommt es also darauf an, die Verantwortungsbereiche und Zuständigkeiten im Betrieb voneinander abzugrenzen.

Der Verantwortungsbereich des Betriebsinhabers ist durch seine Organisationsgewalt definiert. Seine Handlungsmöglichkeiten lassen ihn jedenfalls am ehesten als Garanten für die Gefahren erscheinen, die vom Betrieb ausgehen. Freilich: Zwischen Delegation, Verantwortung und Mitbe-

---

[42] Die Empfehlungen der Sachverständigenkommission (Fußn. 37), S. 6–8, zu § 30 OWiG, denen sich der Referentenentwurf angeschlossen hat, können durchaus als weiterer Schritt in Richtung auf eine strafrechtliche Verantwortlichkeit juristischer Personen verstanden werden.

[43] So zu § 4 UWG und zum Kartellstrafrecht; vgl. die Zusammenstellung der Empfehlungen der Sachverständigenkommission (Fußn. 37), S. 92 und 115.

[44] Kritisch vor allem *Göhler*, Festschrift für Dreher, 1977, 611, 617f.

[45] Auf diesen Gesichtspunkt hat schon *Tiedemann* (Fußn. 1), S. C 55, hingewiesen. Zu den strafrechtlichen Implikationen der Arbeitsteilung, die vor allem für den Bereich des ärztlichen Handelns diskutiert werden, immer noch grundlegend *Stratenwerth*, Festschrift für Eb. Schmidt, 1961, S. 383.

stimmung existiert eine Grauzone. Solange hier keine Klärung herbeigeführt ist, sind die Bedenken *Lüderssens*, wonach solche Konstruktionen auf Verdachtsstrafen hinausliefen[46], nicht ganz von der Hand zu weisen. Andererseits stimmt der Versuch, Organisationsmängel strafrechtlich über die Figur des Unterlassungsdeliktes in den Griff zu bekommen, durchaus mit der allgemeinen Entwicklungstendenz des Strafrechts überein, dem Unterlassen als Anknüpfungspunkt für strafrechtliche Verantwortlichkeit präzisere Konturen zu verleihen[47].

Der Einwand *Lüderssens* rückt die Beweisproblematik, die speziell bei Verbandskriminalität auftaucht, ins Blickfeld. Die mangelnde Transparenz der Geschehensabläufe und Entscheidungsprozesse innerhalb von Verbänden stellt eine nur schwer zu überwindende Barriere für die Strafverfolgungsorgane dar. Was liegt näher, als Beweisschwierigkeiten mit den Mitteln des Beweisrechts zu begegnen. Unter den Stichworten „Produzentenhaftung" und „Umkehr der Beweislast bei grober Fahrlässigkeit" hat das Zivilrecht längst Wege der Beweiserleichterung beschritten, die dazu beitragen sollen, den Dschungel des Organisationsverhaltens zu durchdringen. Im Zusammenhang mit dem Contergan-Prozeß, der bekanntlich eingestellt wurde, hat *Bruns* einen vorsichtigen Vorstoß in Richtung – auf eine strafrechtliche Produzentenhaftung gemacht[48]. Die Umkehr der Beweislast würde freilich in unserem Strafrechtssystem, das von dem Grundsatz „im Zweifel für den Angeklagten" beherrscht wird, einen unverträglichen Fremdkörper darstellen[49]. Während der anglo-amerikanische Prozeß von Vermutungen durchsetzt ist, die die Beweislast umkehren[50], kennt das

---

46 *Lüderssen*, ZStW 85 (1973), 288, 303.

47 Es sei nur auf die verstärkten Bemühungen zu einer Systematisierung der Garantenstellungen verwiesen; zusammenfassend *Jescheck*, Lehrbuch des Strafrechts, 3. Aufl., 1978, S. 503. Die Empfehlungen der Sachverständigenkommission (Fußn. 37) legen sich wegen dieses allgemeineren Zusammenhanges eine gewisse Zurückhaltung auf der prinzipiellen Ebene auf (vgl. S. 2); gleichwohl enthalten sie konkrete Einzelvorschläge für die Bereiche des unlauteren Wettbewerbs und des Kartellstrafrechts (vgl. Fußn. 43).

48 *Bruns*, Festschrift für Heinitz, 1972, S. 332, Fußn. 44.

49 Gegen eine Lösung der Beweisprobleme durch Zugeständnisse an das Beweisrecht auch *Lüderssen*, ZStW 85 (1973), 288, 301, während *Tiedemann*, ZStW 87 (1975), 253, 280, diesen Weg nicht von vornherein versperrt sehen möchte.

50 Vgl. dazu *Jung* (Fußn. 34), S. 106ff. Es liegt daher nahe, daß *Leigh* (Fußn. 34), S. 87f. dafür plädiert, solche Ansätze zur Bekämpfung der Wirtschaftskriminalität zu nutzen.

geltende deutsche Strafrecht praktisch keine Beweislastverschiebung mehr. Die „praesumtio doli“ gehört für uns als Rechtsfigur der Strafrechtsgeschichte an[51], auch wenn sie faktisch als Vorurteil im Rahmen der freien richterlichen Beweiswürdigung weiter lebt. Der Grundsatz „im Zweifel für den Angeklagten“ hat sich in der bisherigen Diskussion insofern als uneinnehmbare Bastion erwiesen, weil er nach unserem Rechtsverständnis zu den unverzichtbaren Prinzipien der Selbstbeschränkung staatlicher Strafgewalt gehört.

Will man das Informationsdefizit auf breiterer Front angehen[52], so wäre eher an die Statuierung von Anzeigepflichten für Personenkreise zu denken, die kraft ihres Berufes von Wirtschaftsdelikten erfahren. Ansätze hierzu gibt es in der Abgabenordnung[53] und in dem neuen § 6 SubvG. Anzeigepflichten blieben aber eine stumpfe Waffe, wenn sie sich nicht auch auf private Wirtschaftsprüfer erstrecken würden. Nach § 166 Abs. 2 AktG sind die Abschlußprüfer verpflichtet, über schwerwiegende Verstöße des Vorstandes gegen gesetzliche Vorschriften zu berichten. Die Einbeziehung der Staatsanwaltschaft in diese Berichtspflicht scheint freilich mit dem Schutz der Verschwiegenheit durch Gewährung eines Zeugnisverweigerungsrechts für Wirtschaftsprüfer, vereidigte Buchprüfer, Steuerberater und Steuerbevollmächtigte (§ 53 Abs. 1 Nr. 2 StPO) zu kollidieren. Die Geheimhaltungsinteressen dieser Berufsgruppen und der von ihnen betreuten Klientel sind aber nicht schlechthin schutzbedürftig. Die Entscheidung des Gesetzgebers sollte daher im Hinblick auf die erst allmählich in

---

51 Zur Bedeutung der praesumtio doli für die Strafrechtsentwicklung in Deutschland *Waider*, JuS 1972, 305, sowie *Henkel*, Festschrift für Eb. Schmidt, 1961, S. 578ff.

52 Eine „Kronzeugenregelung“, von der im anglo-amerikanischen Rechtskreis zur Behebung von Ermittlungsnotständen gerade auch im Bereich des Wirtschaftsstrafrechts Gebrauch gemacht wird (vgl. etwa *Weigend*, Anklagepflicht und Ermessen. Die Stellung des Staatsanwalts zwischen Legalitäts- und Opportunitätsprinzip nach deutschem und amerikanischem Recht, Rechtsvergleichende Untersuchungen zur gesamten Strafrechtswissenschaft, 3. Folge, 1978, S. 148), könnte nur punktuell Abhilfe schaffen; allgemein zur Problematik dieser Rechtsfigur *Jung*, Straffreiheit für den Kronzeugen? 1974.

53 Einerseits haben Gerichte und Behörden von Bund und Ländern und kommunalen Trägern der öffentlichen Verwaltung nach § 116 AO dem Finanzamt Tatsachen, die sie dienstlich erfahren und die den Verdacht einer Steuerstraftat begründen, mitzuteilen. Andererseits steht nach § 30 Abs. 5 AO das Steuergeheimnis einer Mitteilung schwerwiegender Wirtschaftsstraftaten an die Staatsanwaltschaft nicht entgegen. Mit dieser neuen Vorschrift hat der Gesetzgeber die bisherige Verwaltungspraxis kodifiziert.

ihrer Tragweite erkannte Notwendigkeit möglichst umfassender Aufklärung von Wirtschaftsstraftaten im Zusammenhang mit der längst fälligen Gesamtrevision des § 53 StPO überprüft werden. In zahlreichen anderen Rechtsordnungen sind solche Einschränkungen der Verschwiegenheitspflicht durchaus anerkannt[54]. Bei dieser Güterabwägung wird man auch berücksichtigen müssen, daß die Unabhängigkeit der Wirtschaftsprüfer als Basis für die Gewährung des Zeugnisverweigerungsrechts zunehmend in Zweifel gezogen wird[55].

Auch der Gestaltungsbereich „Komplexität und Dimension der Verfahren" entpuppt sich bei näherer Betrachtung für den Juristen zunächst als ein Beweisproblem. Die Untersuchung *Berckhauers* hat die vermuteten Zusammenhänge zwischen Tatbestandsmuster und Anklagehäufigkeit bestätigt. Danach ist die Anklagehäufigkeit davon abhängig, wie viele konkretisierungsbedürftige Merkmale der Tatbestand enthält und ob der Täter gar zusätzlich zur Erfüllung des Tatbestandes in einer bestimmten Absicht gehandelt haben muß[56]. Im Klartext heißt das: Je voraussetzungsloser der Tatbestand formuliert ist, umso leichter fällt es den Strafverfolgungsbehörden, die Taten zur Anklage zu bringen. Der Wunschtraum der Verfolgungsbehörden ist daher der „stromlinienförmige" Auffangtatbestand, der die „Einwände im subjektiven Bereich" und damit auch die „Materialschlacht" auf ein Minimum reduziert.

Der Auffangtatbestand als praktikabler Tatbestand ist seinerseits Einwänden der Strafrechtsdogmatik ausgesetzt. Beweisschwierigkeiten – so wird geltend gemacht – könnten schließlich auch ein fehlendes Strafbedürfnis signalisieren. Sicher sind Beweisschwierigkeiten in der kriminal-

---

54 Nähere Hinweise bei *Tiedemann* (Fußn. 1), S. C 101f., der gleichfalls für eine solche Anzeigepflicht plädiert.

55 Die Untersuchung von M. *Richter*, Die Unabhängigkeit des Wirtschaftsprüfers. Ergebnisse einer schriftlichen Befragung von Wirtschaftsprüfern und Wirtschaftsjournalisten, Diskussionsbeiträge Fachbereich Wirtschaftswissenschaften, Universität des Saarlandes, 1976, nährt jedenfalls die verbreiteten Zweifel an der Unabhängigkeit dieses Berufsstandes. Danach kann zumindest als gesichert gelten, daß der Wirtschaftsprüfer längst nicht für so unabhängig gehalten wird, wie es wegen der Bedeutung dieses Berufsgrundsatzes an sich erforderlich wäre. In seiner 1975 erschienen Arbeit über „Die Sicherung der aktienrechtlichen Publizität durch ein Aktienamt" setzt sich M. *Richter* ausführlich mit den rechtlichen und empirischen Rahmenbedingungen der Unabhängigkeit des Abschlußprüfers auseinander (S. 99 bis 198).

56 *Berckhauer* (Fußn. 6), S. 205f.

politischen Argumentation ambivalent. Sie sind eben nur *ein* Datum der kriminalpolitischen Entscheidung und können als solche sowohl Kriminalisierung wie auch Entkriminalisierung legitimieren[57]. Bewegt man sich auf dem Wege der Kriminalisierung, so muß man sich dessen bewußt sein, daß die Entlastung der Tatbestände ihren Preis auf der Ebene der subjektiven Zurechnung hat. Trotz des legitimen Interesses an praktikablen Tatbeständen darf man jedenfalls die jahrhundertelangen Bemühungen des Strafrechts um eine Individualisierung nicht aus dem Auge verlieren.

Mit der kriminalpolitischen Entscheidung für Auffangtatbestände sind zugleich neue Rechtsgüter entstanden. So schützt der Tatbestand des § 265 b StGB die Kreditwirtschaft, der Tatbestand des § 264 StGB die ordnungsgemäße Subventionsvergabe. Das Vermögensstrafrecht hat sich zunehmend zu einem Strafrecht zum Schutz des Vermögens und der wirtschaftlichen Ordnung entwickelt. Insofern hat die Bekämpfung der Wirtschaftskriminalität den Blick für die Erkenntnis geschärft, daß der strafrechtliche Schutz der wirtschaftlichen Ordnung auf dem mittelbaren Weg über den Schutz von Individualgütern allein nicht erreicht werden kann. Eine Bestandsaufnahme derjenigen Strukturelemente unseres Wirtschaftssystems, die des strafrechtlichen Schutzes bedürfen, steht freilich noch aus. Sie muß vor dem Hintergrund der allgemeineren Frage nach den verfassungsrechtlichen Voraussetzungen staatlichen Strafens gesehen und geleistet werden[58]. Die sich immer mehr einbürgernde Methode, Strafbarkeitslücken im Individualrechtsgüterschutz kurzerhand durch die Postulierung eines Rechtsgutes der Allgemeinheit zu schließen, lenkt, wie das Beispiel des Scheckkartenmißbrauchs zeigt, bisweilen auch von einer gründlichen Exegese der Interessenlage ab[59]. Insofern kann die Forderung *Sie-*

---

57 *Lüderssen*, ZStW 85 (1973), 288, 298, vermutet sogar, daß überhaupt keine Verbindung zwischen den Beweisargumenten und den für die Pönalisierung ausschlaggebenden Gesichtspunkten existiert.

58 Grundsätzlich dazu *Müller-Dietz*, Strafe und Staat, 1973; *ders.*, Festschrift für Dreher, 1977, S. 97. Speziell zu dem Schutz überindividueller Rechtsgüter durch Strafrecht *Roxin*, JuS 1966, 377, 381 f.; *Tiedemann* (Fußn. 1), S. C 33; sowie neuerdings *Selmer*, Verfassungsrechtliche Probleme einer Kriminalisierung des Kartellrechts, 1977, der jedoch die Wechselbeziehungen zwischen der Sozialschädlichkeit eines Verhaltens und der Herausbildung eines Rechtsgutes nicht hinreichend berücksichtigt (vgl. etwa S. 20).

59 So gehen die Befürworter eines Sondertatbestandes des Scheckkartenmißbrauchs ohne weiteres davon aus, daß der Mißbrauch von Scheckkarten strafbar sein sollte. Immerhin hat es das Kreditinstitut in der Hand, die Kreditwürdigkeit

bers, solche Reformanliegen müßten jeweils durch empirische Untersuchungen in dem betreffenden Kriminalitätsbereich abgesichert werden[60], nur unterstrichen werden.

Die Verfahren werden nicht nur durch die Beweisprobleme, sondern auch dadurch ausgeweitet, daß das Legalitätsprinzip den Strafverfolgungsbehörden die Möglichkeit versagt, einzelne Schwerpunkte herauszugreifen, die Ermittlungen im übrigen jedoch einzustellen. Da wir schon längst in einem Mischsystem von Legalität und Opportunität bei der Strafverfolgung leben[61], kommt die Forderung, das Legalitätsprinzip für die Bekämpfung der Wirtschaftskriminalität weitgehend abzuschaffen, nicht überraschend[62].

Der Unterschied zwischen Legalitätsprinzip und Opportunitätsprinzip darf angesichts der Bindung der staatlichen Strafverfolgungsorgane an rechtsstaatliche Grundsätze sicher nicht überbewertet werden[63]. Andererseits muß vor einer unvorbereiteten, auf einen bestimmten Kriminalitätsbereich begrenzten Kapitulation des Legalitätsprinzips gewarnt werden. Die Folgewirkungen für das Gesamtsystem wären unter Gerechtigkeitsaspekten nicht zu verkraften. Weigend hat unlängst den Versuch unternommen, Zwischenlösungen zu entwickeln, in deren Mittelpunkt die Konkretisierung des staatsanwaltlichen Ermessens steht[64]. Diese Überlegungen zu einer grundsätzlichen Überprüfung der Anklagepflicht, die auch im Zusammenhang mit der geplanten Neuregelung der Rechtsstellung der Staatsanwaltschaft gesehen werden müssen, bedürfen zur Sicherung einer ausgewogenen und damit gerechten Einstellungspraxis noch der Vertiefung. Der Entscheidung des Gesetzgebers, die vorhandenen Einstellungsmöglichkeiten der §§ 154, 154a StPO im Interesse einer Konzentration bei Großverfah-

---

zu prüfen. Insofern muß man sich fragen, ob ein solcher Sondertatbestand nicht einseitig die Geschäftsinteressen der Banken schützt. Kritisch insoweit auch *Vogler,* ZStW 90 (1978), 132, 145 ff.; vgl. demgegenüber *Weber,* Festschrift für Dreher, 1977, S. 555, 569 und den Alternativ-Entwurf (Fußn. 29), S. 65.

60 *Sieber,* Computerkriminalität und Strafrecht, 1977, S. 342, 351.

61 Grundsätzlich zum Stellenwert des Legalitätsprinzips *Weigend* (Fußn. 52); *Jung,* (Fußn. 52), S. 43.

62 In diese Richtung *Wassermann,* JVBl 1970, 145, 148.

63 Vgl. im einzelnen *Jung* (Fußn. 52), S. 58f.; *Hoffmann-Riem,* DÖV 1978, 781, 784.

64 *Weigend* (Fußn. 52), S. 167.

fen zu erweitern, steht indessen nichts entgegen[65]. In der Sache läuft der Vorschlag ohnehin auf eine Legitimierung der weitherzigen Teileinstellungspraxis hinaus.

Es entspricht der Eigenart des Systems der Strafrechtspflege, daß die Frage der Effizienz seiner Sanktionen immer erst am Schluß gestellt wird. Gerade das Beispiel der Bekämpfung der Wirtschaftskriminalität zeigt einmal mehr, daß jede Reihenfolge im Grunde falsch ist, weil sie die Wechselwirkungen zwischen den Voraussetzungen staatlichen Strafens und der Ausgestaltung des Sanktionensystems nicht hinreichend berücksichtigt. So ist die Entscheidung der Frage der Strafbarkeit juristischer Personen mit davon geprägt, welche Sanktionsformen das Strafrechtssystem hierfür bereithält. Aber auch die Frage nach der sachgerechten Bestrafung des individuellen Wirtschaftsdelinquenten läßt sich nicht ohne Rückgriff auf grundsätzliche Probleme der Kriminalisierung von Wirtschaftsdelinquenten beantworten.

Allgemein wird das derzeitige Instrumentarium als zur Bekämpfung der Wirtschaftskriminalität unzureichend empfunden. Vor allem wird beklagt, daß die kurzfristige Freiheitsstrafe in unserem Sanktionensystem nur noch in Ausnahmefällen zur Verfügung stehe, obgleich diese Form der Sanktionierung für den Wirtschaftskriminellen noch am ehesten passe[66]. Man verweist auf eine entsprechende Praxis in den U.S.A. und Schweden.

Eines ist sicher richtig: Die Hoffnung, es werde dem Strafvollzug gelingen, Formen der Behandlung zu entwickeln, die dieser Tätergruppe klarmachen, daß übersteigerte Erfolgserwartungen bezüglich der Gewinnmaximierung in sozialschädliches Verhalten abgleiten, erscheint illusionär[67].

---

65 Zustimmend auch *Rudolphi*, JuS 1978, S. 864f. Der Reformvorschlag war im Gesetzgebungsverfahren bis zuletzt umstritten. Näheres bei *Jung*, JuS 1978, 794f.

66 Für den Einsatz der kurzen vollstreckten Freiheitsstrafe im Wirtschaftsstrafrecht u.a. H. J. *Schneider*, JZ 1972, 461, 467; *Tiedemann* (Fußn. 34), S. 29; *Jescheck* (Fußn. 18), S. 257, 261; *Lange*, JZ 1978, 541, 542. Kritisch nach wie vor *Kaiser*, Kriminologie, 3. Aufl. 1977, S. 147 und 288, der eine vergleichende Wirkungsanalyse fordert. *Volk*, ZHR 142 (1978), 14, drängt auf eine Klärung der systematischen Folgewirkungen dieser Entscheidung.

67 So aber *Ostmann von der Leye*, BT-Prot. Sonderausschuß für die Strafrechtsreform 7, 2487. In den U.S.A. betrachtet man dies realistischer. So meint *Carlson*, The American Criminal Law Review, Vol. 13, 1976, 628, lapidar: "Likewise the

Freilich dürfen die lästigen und einengenden Begleitumstände des Vollzuges der Freiheitsstrafe nicht unterbewertet werden. So gesehen erschiene der Vollzug kurzfristiger Freiheitsstrafen zweckmäßig, weil man sich von ihr bei bestimmten Personengruppen eine Schockwirkung verspricht.

Diesem Vorschlag wird indessen entgegengehalten, daß damit eine bedeutsame kriminalpolitische Hemmschwelle beseitigt werde. Man laufe nämlich Gefahr, daß der Vollzug der kurzfristigen Freiheitsstrafe sich auch sonst wieder einbürgere. Gefürchtet wird also die allmähliche Durchlöcherung einer Kriminalpolitik, die seit Jahrzehnten auf Vermeidung kurzfristiger Freiheitsstrafen angelegt ist. Dieser Grundsatz basiert auf der Annahme, daß die entsozialisierenden Begleitumstände des Vollzuges der Freiheitsstrafe nur im Rahmen eines längerfristigen Behandlungsprogramms kompensiert werden können.

Es mag in der Tat zweifelhaft erscheinen, ob diese Prämissen auch für den Wirtschaftsstraftäter Geltung besitzen. Ob deswegen zur Verhängung und Vollstreckung kurzfristiger Freiheitsstrafen bei Wirtschaftskriminellen übergegangen werden kann, hängt wesentlich von den Folgewirkungen der Entscheidung für das Sanktionensystem insgesamt und den Alternativen hierzu ab. Zum ersteren meint *Jescheck*, die Strafrechtswissenschaft habe unterdessen besser zu differenzieren gelernt[68]. Er sieht die generelle Tendenz zur Vermeidung kurzfristiger Freiheitsstrafen dadurch nicht gefährdet. Nur bleibt dann immer noch die Frage, ob man diese spezielle Ausdifferenzierung des Sanktionensystems tat- und täterbezogen formulieren soll.

---

business or professionel man who is sent to prison for income tax evasion is not there for rehabilitation. He is sent there as a lesson to deter others who might be tempted to commit the same crime."

68 *Jescheck* (Fußn. 18), S. 257, 261. Auch in den U.S.A. gilt die stärkere Ausdifferenzierung von Delikts- und Tätergruppen als Methode der Wahl. Aus pönologischer Sicht reiht *Carlson*, The American Criminal Law Review, Vol. 13, 1976, 633, den Wirtschaftsstraftäter in die Kategorie der Täter ein, bei denen die Freiheitsstrafe in jedem Fall vollstreckt werden müsse: "At least three categories of offenders are among those that should be incarcerated: the violent offender who is a danger to society because of his aggressive and assaultive pattern of behavior, the repeat offender or career criminal who will not or cannot respond to community supervision, and the white collar offender whose incarceration is designed solely for the deterrent effect it may have on others who might be tempted to commit the same crime."

Eine Alternative bestünde darin, angesichts der Ineffizienz der individuellen Sanktion den Akzent doch auf die Sanktionierung der „sozialen Einheit“ zu verlagern. Nur bleiben die Zweifel an der Steuerbarkeit der Organisation durch repressive Maßnahmen im Raum. Die Geldstrafe als personenbezogene Sanktion erscheint zumindest solange problematisch, wie die nachträgliche Übernahme der Kosten durch die Firma nicht einhellig als Strafvereitelung (§ 258 StGB) qualifiziert wird[69]. Der Weg zur Verhängung langfristiger Freiheitsstrafen ist teils durch fehlende Resozialisierungsbedürfnisse, teils durch das Fehlen geeigneter kriminaltherapeutischer Programme, teils aber auch durch die strafrechtliche und soziale Bewertung der Wirtschaftsdelinquenz in vielen Fällen versperrt.

Insofern beobachten wir hier ein eigenartiges Phänomen, das uns schon vom Delikt der Trunkenheit am Steuer geläufig ist[70]. Solange der Kriminalisierungsprozeß in der Gesellschaft noch nicht abgeschlossen ist, fehlt es an geeigneten Sanktionen. Ist der Kriminalisierungsprozeß abgeschlossen, passen plötzlich die Sanktionen wieder.

IV. Schlußbetrachtung

Alles in allem zeigt sich also, daß die Komplexität des Phänomens „Wirtschaftskriminalität“ auf alle Bereiche des Strafrechtssystems durchschlägt. Radikalkuren sind in dieser Situation fehl am Platze, zumal uns der internationale Vergleich belehrt, daß Wirtschaftskriminalität nicht an ein bestimmtes Wirtschaftssystem gebunden ist. Insofern wäre es auch verfehlt, dem Wirtschaftssystem selbst den „schwarzen Peter“ zuschieben zu wollen. Diese Tendenz klingt an, wenn *Tiedemann* ganze Instrumente der Wirtschaftspolitik und des Wirtschaftslebens als kriminogene Faktoren bezeichnet[71]. Daran ist freilich soviel richtig, daß Lösungen in erster Linie

---

69 Vgl. zum Streitstand RGSt 30, 232, sowie BGH, JZ 1964, 587 mit Anm. von *Stree.*

70 Für Schweden wird dieses Phänomen von *Eriksson,* The Techniques of Individualization Processes. General Report for the Penitentiary Section, 8th International Congress of Social Defence, Paris 1971, S. 4, beschrieben.

71 *Tiedemann,* Festschrift für Lange, 1976, 541, 552.

außerhalb des Strafrechts gesucht werden müssen[72], zumal strafrechtliche Reaktionen durchweg „Begleitschäden“ hervorrufen. Trotz mancher Gesetzesänderungen funktionieren die zivil- und verwaltungsrechtlichen Kontrollinstrumente noch zu grobschlächtig in manchen Bereichen – genannt seien etwa das Insiderrecht und der Gründungsschwindel –, scheinen die zivilrechtlichen Lösungsmöglichkeiten noch nicht ausgereizt[73]. Mitunter mag sogar der Eindruck aufkommen, daß die Forcierung der Kriminalisierungsdebatte von der Errichtung lästiger zivil- und verwaltungsrechtlicher „Frühwarnsysteme“ ablenken soll.

Das Strafrecht kann also auch insofern nur ultima ratio sein. Wundertherapien für eine effektive und zugleich strafrechtssystematisch vertretbare Bekämpfung der Wirtschaftskriminalität gibt es nicht. Es läuft daher alles darauf hinaus, das Netz der strafrechtlichen Sozialkontrolle noch feinmaschiger zu stricken und auf die Strukturen des Wirtschaftsrechts und der Wirtschaftskriminalität abzustimmen. Selbst auf diesem Weg der kleinen Schritte lassen sich Unwägbarkeiten nicht völlig ausschalten, können Wertungswidersprüche auftreten, haben wir Schwierigkeiten, das Gewollte in rechtlich einwandfreie Regelungen einzufangen.

Gerade deshalb haben die Wechselbeziehungen zwischen der Materie „Wirtschaftskriminalität“ und dem zur Regelung zur Verfügung stehenden Instrumentarium der Entwicklung des Strafrechts insgesamt neue Impulse gegeben. Mit der Strafbarkeit der juristischen Person rücken Grundfragen der strafrechtlichen Verantwortlichkeit ins Blickfeld. Anzeigepflichten für bestimmte Berufe contra Schutz bestimmter Vertrauensverhältnisse, Auffangtatbestand contra Schuldprinzip: Überall werden Güterabwägungen gefordert, die nicht ohne Rückwirkung für andere Regelungsbereiche entschieden werden können. Schon jetzt läßt sich feststellen, daß sich durch

---

72 Eher umgekehrt insoweit freilich *Tiedemann*, ZRP 1976, 54: „Entgegen einem verbreiteten Mißverständnis ist der Einsatz des Wirtschaftsstrafrechts im Verhältnis von Staat und Wirtschaft aber auch keineswegs *ultima ratio*. Die Verschärfung des Wirtschaftsstrafrechts trifft die Wirtschaft nämlich erheblich weniger als jede Reform des Wirtschaftsrechts, dem kein Wirtschafter ausweichen kann: Außerstrafrechtliche Normen hemmen und lenken das Handeln *jedes* Wirtschafters; Straftatbestände dagegen erfassen von vornherein nur Verhaltensweisen, die im ordentlichen Wirtschaftsleben ohnehin als unseriös angesehen werden und deren Verwirklichung der ordentliche Wirtschafter vermeiden kann.“ Ähnlich *Tiedemann*, ZStW 87 (1975), 253, 266 f.

73 Dies hat für das Insiderrecht *Volk*, ZHR 142 (1978), 1, aufgezeigt. Demgegenüber steuern der Alternativ-Entwurf (Fußn. 29) und die Sachverständigenkommission (Fußn. 37), S. 73 für diesen Bereich eine strafrechtliche Lösung an.

die Entscheidungen des Gesetzgebers das Bild des Strafrechtssystems insgesamt verändert hat. So hat das abstrakte Gefährdungsdelikt als Instrument des Rechtsgüterschutzes immer mehr an Bedeutung gewonnen. Auch hat sich die Zielrichtung des strafrechtlichen Schutzes stärker vom Vermögen zur wirtschaftlichen Ordnung verlagert, was man auch als eine verstärkte Hinwendung von einer betriebswirtschaftlichen zu einer volkswirtschaftlichen Betrachtungsweise deuten kann.

Insgesamt aber hält sich die strafrechtliche Bekämpfung der Wirtschaftskriminalität durchaus auf der Linie stärkerer Ausdifferenzierung vorhandener strafrechtlicher Lösungsansätze, die als allgemeine Marschroute der Kriminalpolitik betrachtet werden kann. Der Glaube an allesumfassende Formeln ist verlorengegangen. Durch die verstärkte Hinwendung zur „problemfeldzentrierten Partikularlösung" hat das Strafrecht natürlich an Übersichtlichkeit verloren. Dieses Schicksal teilt es aber mit anderen Rechtsgebieten. Ein gewisser Verlust an Rechtsklarheit ist der Preis, den wir dafür zahlen müssen, daß der Gesetzgeber seine Ansätze zur Verwirklichung individueller Gerechtigkeit immer stärker verfeinert.

Mit der Verwendung des Strafrechts als Mittel zur Bekämpfung der Wirtschaftskriminalität werden hochgesteckte Erwartungen verbunden. Viele sehen den entscheidenden Beitrag des Strafrechts in der Herstellung eines Stücks sozialer Gerechtigkeit durch die Kriminalisierung selbst. Freilich werden dadurch nur formal klare Fronten geschaffen. Denn schließlich hängt die Entscheidung über Sanierung oder Bestrafung oft vom Verhandlungsgeschick des Betreffenden, vom Wohlwollen der Banken, der Konkurrenten oder der Behörden ab. Insofern bleibt ein unaufgelöster Rest. Vielleicht rührt dies einfach daher, daß wir immer noch nicht wissen, ob wir den schottischen Finanzmann John *Law*, dem wir die Idee des Papiergeldes und der Schwindelfirma zugleich verdanken, als Wohltäter der Menschheit oder als Kriminellen bezeichnen sollen[74].

[74] In diesem Sinne läßt Louis *Aragon* Pierre *Mercadier*, den Helden des Werkes „Die Reisenden der Oberklasse" ("Les Voyageurs de l'Impériale"), über John *Law* reflektieren: „Die Menschen selbst erschraken über diese Entdeckung. Sie zögern immer noch, ob sie in Law einen Wohltäter der Menschheit oder einen Verbrecher erblicken sollen. Darum hat man ihm auch kein Denkmal gesetzt; der erste beste General, der seine Kanonen gut zu lenken wußte, prangt breit auf den Straßenschildern, man erzählt sich von ihm in den Schulbüchern und fordert die Kinder auf, ihm nachzueifern. Der Schotte John Law dagegen wird in den Geschichtsbüchern der Schule kaum erwähnt, und auch hier eher im Zusammenhang mit seinem Staatsbankrott als mit seinen Erfindungen auf dem Gebiete des Geldwesens." Zitiert nach der Ausgabe des Kindler-Verlages 1962, S. 381f.

MIX

Papier | Fördert gute Waldnutzung

FSC® C083411

Kolibri 360 GmbH
Ferdinand-Jühlke-Straße 7
99095 Erfurt, Deutschland
produktsicherheit@kolibri360.de